귀본향
歸本鄕

신아출판사

| 책을 펴내며 |

내 삶의 묵상 고백

우리 속담에 마음이 천리면 지척도 천리요
마음이 지척이면 천리도 지척이란 말이 있습니다.

나는 지금 몇 년 동안 건강을 잃고 본당을 떠나 살고 있습니다.
한때는 시골 고향집에 혼자 살면서 지친 몸과 마음을 추스려 보기도 했지만 그 생활도 여의치 않아 접고 말았습니다.
지금은 수녀님들이 운영하는 양로원에서 원목신부로 봉직하고 있습니다.
이렇게 사목현장을 떠나 살다보면 사람들과 멀어지는 것이 인지상정인데 항상 잊지 않고 전화나 전자메일로 안부를 묻는 분들이 계십니다. 또는 직접 찾아주신 분들도 계십니다.
나는 그분들에게 항상 고맙고 감사한 마음을 가지면서 무언가 작은 선물이라도 보답하고자 여기에 나의 마음을 글로 적어보았습니다.

이것은 엄밀히 말해서 책이라기보다는 내 삶의 묵상 고백이라고 볼 수 있습니다.
나를 위해 기도해 주시고 기억해 주신 고마우신 모든 분들에게 안부를 물으면서 이 글을 올립니다.
여러분을 하늘 땅만큼 사랑합니다.

불교경전에 이런 내용이 있어서 적어봅니다.

홀로 행하고 게으르지 않으면
비난과 칭찬에도 흔들리지 않고
소리에 놀라지 않는 사자처럼
그물에 걸리지 않는 바람처럼
진흙에 더럽히지 않는 연꽃처럼
무소의 뿔처럼 혼자서 가라.

2008년 5월
요셉동산에서 서석구 신부

| 차례 |

책을 펴내며

제1부 ● 하늘을 쳐다보는 이유

제2부 • 헤어질 연습을 하며

제3부 • 살고싶은 곳 물으면

제4부 • 가는 나그네

제5부 • 고목에도 향기가 피더라

제 1부

하늘을 쳐다보는 이유

하늘이여!

하늘이여!
당신만한 아름다움은 없습니다
하늘이여!
당신만한 침묵도 없습니다
하늘이여!
당신만한 예술도 없습니다
하늘이여!
당신만한 사랑도 없습니다
하늘이여!
당신만한 신비도 없습니다
하늘이여!
당신은 나의 주인이십니다.

당신은
무주無主 공간이지만
우주 만물의 주인이십니다
그래서 나는
매일 밤 낮 당신을 쳐다봅니다.

가을 감기

어느 봄날
세상 구경나왔다가
팔도강산 유람하며
꽃도 보고 임도 보았지요

어느 여름날
이글거리는 태양 아래서
천둥소리도 듣고
소낙비도 맞으며
해변의 백사장도 걸었지요

어느 가을날
찬 서리 내릴 때
나는 버틸 힘이 없어
우수수 땅에 떨어지고 말았지요

사람들은
이런 나를 보고
세상은 허무한 것이여

낙엽은 슬픈 것이라고 했지요

어느 늦가을
시인은 산책을 나왔다가
낙엽을 밟으면서
이것이 가을의 슬픈 소리여
가을은 아픈 계절이여
아! 기러기 나는 하늘 구만리

그래서
시인은 해마다
가을 감기로 몸살을 앓는 답니다.

옹기장이

옹기는 흙으로 만든다
옹기는 옹기장이의 손에 달렸다

식탁에 옹기종기
밥그릇 국그릇 찬그릇
모두가 제몫을 담고 있답니다

옹기그릇은 한 가지 원칙이 있나니
큰 것은 작은 것을 품을 수 있으나
작은 것은 큰 것을 품을 수 없다네

세상이치가 이와 같아
부모는 자식을 가슴에 품고도
세상을 주고도 모자란다네

하느님은 옹기장이시니
하느님은 세상을 품고도 모자라
항상 팔을 벌리고 계신답니다.

당신도 시인이십니다

창 밖에 눈이 내립니다
당신의 지금 감정은 어떻습니까
무어라 말하고 싶을 겁니다
어디엔가 적어보고 싶을 것입니다.
가끔씩은 그런 감정으로 적어 놓은
오래된 메모지도 있을 겁니다.

지금 한 번 들춰 보시지요
옛 추억이 새로워질 겁니다
보고 싶은 사람
하고 싶은 말
아련한 추억들
빛바랜 사진처럼 그리움이 묻어 있는
당신 마음이 있을 겁니다.

다시 한 번 읽어보고
행복의 웃음을 지어보셔요
당신은 지금
당신의 자작시를 읽고 있습니다

당신은 지금 행복한 시인이십니다
축하합니다.

사랑의 동아줄

하늘이 무너지지 않는 것은
세상이 하늘을 우러러보기 때문이요
바닷물이 쏟아지지 않는 것은
땅과 하늘이 사랑의 둑을 쌓기 때문이요
땅이 쪼개지지 않는 것은
하늘과 바다가 두 손을 잡고 있기 때문이요
허면
인간이 쪼개지지 않는 것은
너와 내가 사랑의 동아줄로 묶여 있기 때문이랍니다.

왕이 되고 싶거든

네가 왕이 되고 싶거든
네 아내를 중전이라 불러보시오

네가 왕이 되고 싶거든
아들을 왕자라
딸을 공주라 불러보시오

그리고
백성을 주인으로 섬겨보시오
그러면
당신은 진짜 왕이로소이다.

우리가 남이가

'우리가 남이가' 란 말을 들으면
군사독재 시절 부산 '초원복국집' 생각이 난다.
이 말은 한때 선거용으로 사용되었지만
사실 따져 놓고 보면 틀린 말은 아니다.

남과 북이 남인가
고려 백제 신라가 남인가
우리는 남이 아니다.

남이 아니면 서로 도와 잘 살아야지
왜 편가르기를 하는 것인가

동과 서가 남인가 전라도와 경상도가 남인가
어디까지가 남이고 어디까지가 이웃인가
앞으로 그런 소리 하는 놈은 조국을 떠나거라
거기서도 편 가르는 놈은 지구를 떠났으면 좋겠다.

미워도 다시 한 번

이 말은 대중가요에 나오는 말이다
그러나 한때는 선거용으로도 쓰여졌다.

그렇다
미워도 다시 한 번
우리 정서에 맞는 말이다.

그러나
나는 미워한 사람이 없으니
다시 한 번도 없다.

골목대장

골목길은 애들 놀이터였다
싸우고 떠들고
조용한 날이 없었다
지금은 골목에 애들이 없다
그래서 골목대장도 없다
골목길엔 자동차만 즐비하다
골목길 골목대장은
주차장 아저씨뿐이다.

손을 잡으면

한손을 잡으면
따뜻한 체온을 느끼고요
두손을 잡으면 허물이 없어지고요
포옹을 하면 용서가 있답니다.

그리고
고맙습니다 한마디에
마음이 열려지고요
수고했어요 한마디에
마음이 가벼워지고요
감사합니다 한마디에
마음이 채워집니다
사랑합니다 한마디에
세상은 하나가 된답니다
우리 모두가
그 주인공이 되었으면 좋겠습니다.

나의 토종 추억

산등성이에 서면 시원한 바람 소리가 좋아요
어려서부터 들어왔기 때문이지요
개울물 소리를 들으면 마음이 편해져요
집 앞에는 개울이 흘렀거든요
나의 식탁에는 된장찌개가 단골 차림입니다
어려서부터 어머니 맛이기 때문입니다
나는 잠자리에 들기 전에 하늘의 별들을 세곤 합니다.
어머니 무릎에서 밤하늘 이야기를 듣고 잠들었기 때문이지요
오늘도 연어들이 母川을 찾아 힘차게 거슬러 오르듯이
나도 연어처럼 추억의 고향을 거슬러 오를 때가 있답니다.

물고기가 죽은 이유

물고기가 목말라 죽었다면
굶주림일까? 목마름일까?

물고기가 물에 빠져 죽었다면
타살일까? 자살일까?

물고기도 목마를 때가 있다더라
오염된 물 속에서 죽기 직전이랍니다

물고기가 물 좀 먹고 삽시다 외치다가
물벼락 맞고 두 번 죽었다네요.

기막혀 죽을 지경

바람이 숨막혀 죽었다면
질식사일까? 자연사일까?
세상사 왜들 이러는가
정말 나도 모를 일

바람은 숨막혀 죽을 지경이고
나는 기막혀 죽을 지경이랍니다.
살려주셔요 살려주셔요
기 좀 살려 주셔요.

부인이 생겼다면서요

「나는 부인을 갖고 싶다」
어느 삼복더위에
친구에게 농담으로 한 말

말이 씨가 된다더니
정말 그렇게 되었답니다

신부가 부인이 생겼다는 소문에
신자들이 눈에 쌍날을 세우고
우르르 몰려와 따졌겠지요

신부님
부인이 생겼다면서요
예. 그렇게 되었습니다
정말입니까?
그렇습니다.

지금 어디에 있습니까?
안방에 들어가 보시오

우르르 몰려가더니

신부님은 장난이 너무 심하셔
침대 위에 죽竹부인이.

맨날 좋다

나는
해 뜬 날
비오는 날
바람부는 날
눈보라치는 날
하느님 주신 좋은 날.

봄
여름
가을겨울
나는 맨날 좋다
이 땅에 태어났으니.

나는
죽도록
좋아하는
사람도 없지만
미워하는 사람도 없다.

오늘
있으면
감사하고
내일 없어도
감사할 겁니다
세월은 내 것이 아니니까.

휴식의 행복

바다가 잠잠한 것은
깊은 잠에 취한 것이요
바람이 잠잠한 것은
바쁜 숨을 고르는 것이요
구름이 멈춘 것은
지친 길을 쉬는 것일 게다.

일할 때 일하고
쉴 때에 쉬는 것은
기쁨이요 아름다운 것
나는 나의 침대가 가장 큰
행복의 쉼터랍니다.

잘 썩은 퇴비는 향기가 난다

어느 후배에게 시집 한 권을 보냈더니
며칠 후 전화가 왔습니다
선배님 시집 잘 읽었습니다
오늘 단숨에 읽었습니다.

오늘 거름을 내다보니
냄새가 향기로웠습니다
잘 썩은 퇴비였기 때문이란다
듣고 보니 삶이 배어 있는 말이었다.

그 사람 나에게 또 한 줄의 시를 쓰게 만들었군
마침이 향기로움이란 말이겠지
책 한 권을 보내 놓고
나는 더 큰 선물을 받은 것입니다
후배 고맙네
향기롭게 살기를 바라네.

탓

어리석은 사람은
항상
남의 탓만 하고

현명한 사람은
항상
자기 허물 탓하더라

바보는
자기 탓도
남의 탓도
허물인 줄 몰라라

나는 이제야
내 탓이요 내 탓이요
내 큰 탓이로소이다
가슴치고 있답니다.

감사

나무가 열매를 주는 것은
하늘에 감사의 보답이고요
나무가 그늘을 주는 것은
사람에게 감사의 뜻이랍니다
꽃이 향기를 주는 것은
바람에게 감사의 뜻이고요
꽃이 아름다운 빛깔을 주는 것은
태양에게 감사의 뜻이랍니다.

지혜

꿀벌이 꿀을 따올 때
향기와 꽃잎을 해치지 않듯이
지혜 있는 사람은 그리하여서
마을에 들어가 법답게 밥을 비네(법구경)에 있는 말
세상에 지혜 있는 사람
세상에 있는 듯 없는 듯하지만
그들은 꼭 있어야 할 사람들
우리는 그들을 성자라 하네.

제 2부

헤어질 연습을 하며

이 말만은 정말 싫은데

한세상 태어남은 만남과 이별의 운명이라
한 세월 지나고 보니
이별이라는 종착역 기적소리가
새벽잠을 깨우고 있네요.

만남은 인사가 분명해서 좋다
반갑습니다
어서 오십시오
축하합니다
행복하셔요
성공하세요
건강하셔요
부자되셔요
복 많이 받으셔요
사랑합니다
주님의 축복을
악수하고 포옹하고.

그런데 한 가지 고민

헤어질 땐 무슨 인사를 해야 하나
안녕히 가십시오
또 만납시다
건강하세요

그런데
명복을 빕니다
이 말만은 정말로 싫은데
눈물로도 위안이 못된다.

歸本鄕

돌아가리라 돌아가리라
本鄕으로 돌아가리라
이 風塵 세상에 내 한 몸 부려놓고
바람으로 돌아가리라.

누가 나를 찾거든
초대받아 고향에 돌아갔다고 전해주오
언제 돌아오냐고 묻거든
일전에 주민등록 반납하고
하늘나라로 이사갔다고 전해주오.

아!
부럽다 하더이다
찾아갈 고향 있으니.

하얀 지팡이

하얀 지팡이가 산보를 나왔다가
이 꽃도 보고싶고 저 꽃도 보고싶고
이곳도 두들겨 보고 저것도 두들겨 보고
하얀 지팡이는
바람만 쏘이고
돌아서며 하는 말이
세상은 정말 피곤해

지팡이가 하는 말이
주인님
세상은 볼 수 있는 것보다는
볼 수 없는 것이 많나 봅니다

그래 맞는 말이야
나는 세상은 보지 못하지만
하늘나라는 볼 수 있거든.

약국 앞에서

허리 굽은 저 노인
한손에 지팡이
한손엔 약봉지
도수 높은 안경 너머로
세상을 흘겨보며
약국 문을 힘겹게 나설 때

아!
저 노인은
세월만큼이나 약봉지가 무겁고
나이만큼이나 허리가 휘어
한 발자국 한 발자국
세월의 무게를 못 이겨
힘겨운 기침 소리
동짓달 문풍지 소리만큼
차갑게 들리더라.

할아버지 할아버지

어릴 적엔 청춘이 부러웠는데
이 나이 되고 보니 젊음이 부럽더라
어느 날 골목길에서
할아버지 할아버지 하는 소리에
뒤를 돌아보니
이웃집 아이들이 나를 부르는 소리더라.

아니 벌써
세월이 나를 할아버지로 만들었구려.

그래
세월이 나를 할아버지로 만들었든
내가 세월을 따라가다 여기까지 왔든
나의 청춘은 행복했다고
추억의 책장을 넘기며
안경 너머로 세월을 세고 있다
할아버지 할머니 건강하게 삽시다.

늙음은 무죄

늙음은 내 탓도
네 탓도 아니다
다만
세월이 유죄랍니다.

채움과 비움

들판은 채움과 비움의 자리다
어느 가을날 군데군데 자리를 내주더니
채움은 사라지고 텅 빈 들판뿐이었다
비움은 다시 채우기 위한 자리를 내놓는 것이란다.
물레방아가 물을 채워 물레를 돌리듯이
비우지 않으면 채움도 없는 것
창조주께서는 채움과 비움의 두 수레바퀴를 주셨지요
인간이 텅 빈 가을 들판을 보고 쓸쓸한 것은
채울 줄만 알고 비울 줄을 모르기 때문이랍니다
넘침도 모자람도 없는 것이 들판이란다.
너도 비워보아라 채울 때가 있을 것이다
그러면
네 마음은 더 넓은 들판으로 추수를 할 것이다.

부탁해요

한세상 살면서
받기만 하고 준 것이 없으니
미안해서 어쩌나
가진 것이라곤 몸뚱이 하나뿐
내가 죽거들랑 쓸 수 있는
장기나마 주고 싶은데
너무 오래 살면 어떡하지
마지막 선물도 주지 못할 처지라면
장례비용이나 챙겨두어야겠다
묏자리나 차지하고
세상에 오염되기 싫으니
화장해서 樹木葬이나 해주면 좋겠다
흙에서 온 것은 흙으로 돌아가고
영에서 온 것은 영으로 가면 되는 것을
살아 있을 때 부탁해 두어야겠다.
부탁해요. 정말 부탁해요.

병상에서

밤이 깊으면 새벽이 가깝다던데
밤이 얼마나 깊어야 새벽이 오려나
신열은 오르고 온몸은 불덩이요
식은땀은 온몸을 적시는데
곁에 말 붙일 피붙이 하나 없어
이 한밤을 어찌할거나

아 !
이것이 외로움이구나
이것이 고독이로구나

하룻밤 사이에
하느님도 불러보고
어머님도 불러보고
아 ! 이것이 슬픔이로구나

아프지 말아야 돼
아프면 서러워

홀몸이 아프면 끈 떨어진 연이야
외로움이 폭풍처럼 밀려오더라.

건망증 1

나는 요사이 은근히 화가 날 때가 있답니다
좀 쑥스러운 이야기이지만
소변을 보고 가끔 지퍼를 열어놓을 때가 있답니다
혹시라도 이런 모습을 보고 난처한 사람도 있었을 것입니다
그래서 나는 다른 사람이 지퍼가 열렸을 때는 지체없이
살짝 말해줍니다 지퍼가 열렸네요 하고
어떤 사람은 고맙다고 하고
어떤 사람은 염치없어 얼굴이 붉어지고
건망증은 병도 아니고 죄도 아니랍니다
부끄러워할 일도 아니랍니다
건망증은 누구에게나 증상일 뿐이랍니다.

건망증 2

재미난 이야기가 있습니다
부부가 먼 여행을 떠나와서
부인이 다리미를 끄지 않고 왔다면서 걱정을 했답니다
그때 남편이 말하기를 걱정하지 마시오
나는 수도꼭지를 잠그지 않고 왔답니다
그 집에 불날 일은 없겠네요.

건망증 3

나는 이럴 때 슬퍼집니다
함박눈이 내릴 때 색안경을 쓰고
눈길을 걷습니다
한참 가다가 호주머니를 뒤적거리며
색안경을 찾을 때 말입니다.

건망증 4

나는 재수 없게도 수술 후유증으로 수 년 간 약을 먹고 있답니다
어떤 때는 약을 먹고도 겹쳐 먹어 고역을 당한 일이 있지요
그 다음부터는 투약 표를 벽에 붙여놓고 표시를 했습니다
그러고도 똑같은 실수를 한 일이 있었답니다
이거 건망증이 심한 것이 아닌지 모르겠습니다
그런데 다행이 아직까지 세 끼 식사는 혼돈한 일이 없답니다
이것까지 혼돈되면 건망증을 넘어 치매라 할 수밖에요
다행이 아직까지 나의 건망증은 애교로 봐주어야 할까 봅니다.

대신할 수 없는 것

태어남과 죽음이 그것이라
하여
나의 삶과 죽음도 대신할 수 없나니

내가 홀로 선 것은
이것을 깨달음이라.

세월의 무게

삶에는 시작과 끝이 있듯이
人生旅程에 그 길이와 무게가 있다던데
내가 감당할 수 있는 무게는 얼마나 되나
삶의 무게를 덜어놓을 수만 있다면
나는 그곳을 찾아보고 싶네요
무게를 달아보니 저울추만 흔들리는데
그것은 무게가 아니라
세월의 기울기였답니다

장례식 주례사

한세상 꽃도 피지 못하고
이렇게 누워있는 이 사람
죽은 자는 말이 없다.

오늘은 내가 슬퍼진다
유가족의 슬픔은 위로가 모자란다
그래서 나는 신경이 쓰여진다.

무슨 말로 위로할까
인간의 말은 모자람이 많아
하느님 말씀을 들려줄 수밖에

인간의 창조는
육체는 진흙에서
영혼은 하느님의 입김에서 왔다고
죽는 것은 없어지는 것도 아닌
허무한 것도 아닌
본 고향 찾아갔다고 말할 수밖에

세상에 올 때는 순서가 있지만
갈 때는 차례가 없다고
이 말을 할 때 왜 내가 목이 메이는지 모르겠다.

마지막 고별식에서
성수 뿌리고 향 치고

'사람아 흙에서 왔으니, 흙으로 돌아갈 것을 생각할지어
다.' 라는
말씀으로 당신을 보냅니다.

다림질

나는 속옷도 다려 입어요
입으면 구겨질 줄 알면서도
구겨질 때 구겨지더라도
입을 때 한 마음이라도
바로 세우기 위함입니다.

심은 대로

너는 무슨 생각으로 씨앗을 뿌렸느냐?
선한 생각으로 뿌렸습니다
무슨 씨앗을 뿌렸느냐?
좋은 씨앗을 뿌렸습니다
어디에 뿌렸느냐?
비옥한 땅에 뿌렸습니다
어떻게 가꾸었느냐?
지극 정성을 다했습니다
자연은 거짓이 없나니
결실로 보답할 것이다
심은 대로 거둔다는 말을 믿으면서.

나는 돌아가리라

아침에 뜨는 해도
저녁이면 지는 것이지
차는 달이 있으면
기우는 달도 있는 것이지
오고감이 이것뿐이랴

내가 세상에 잠깐 쉬어간 흔적
서녘 노을이 아름다운 것처럼
단풍이 제 몸을 불태워 아름답듯이
나도 세상에 와서
춘 하 추 동 즐기며
고마운 한 세상이었지.

나는 이제 돌아가리라
모래 위에 발자국을 남기고
누가 그 위를 또 가겠지만
하룻밤 자고 나니 파도가 밀려와
지워지겠지
아 !

우리네 인생도 하룻밤 사이라
나는 기쁘게 돌아가리라
파도 소리 들으며.

나의 웃음 변화

나는 젊었을 때
술 한 잔 걸치면
호탕한 너털웃음으로 걸죽했지요.

중년에 들고 보니
호탕한 웃음소리는 어디 가고
입가에 미소로 씩 웃고 맙니다.

세월이 흘러
지금은
속으로 한 번 찔끔 웃고 만답니다
웃음도 기력이 붙이나 봅니다.

내가 사는 현관에 이런 글이 있지요

먼저 웃자 많이 웃자 크게 웃자

월요일에는 월(원)래 웃고
화요일에는 화사하게 웃고
수요일에는 수시로 웃고
목요일에는 목 터지게 웃고
금요일에는 금방 웃고 또 웃고
토요일에는 토끼처럼 귀엽게 웃고
일요일에는 일평생 웃으며 살자
꽃 중에 가장 좋은 꽃이 웃음꽃이랍니다.

사랑하며 살자

살아갈 시간이 얼마 남지 않았다는 것은
사랑할 시간도 얼마 남지 않았다는 말
사랑하는 사람이 내 곁에 있을 때
당신의 사랑은 두 배로 커지고
사랑하는 사람이 건강할 때
나의 건강도 지칠 줄 모르니
사랑이 남아 있는 한
당신의 사랑을 아낌없이 주셔요
사랑은 주면 줄수록
사랑의 통장엔 행복의 잔고가 쌓인답니다.

눈길을 걸으며

어렸을 때에는 뽀드득 뽀드득 소리가
반가운 친구 찾아오는 소리였는데
지금은 길 떠난 나그네 발자국 소리

함박눈 맞으며 하늘을 쳐다보고
걸어온 길을 뒤돌아보아도
어느새 내 발자국은 볼 수가 없네요.

그래
내 삶이 이토록 살았건만
세상에 발자국 하나 없는 나에게
하얀 눈은 그래도 좋아요.

뒤돌아보아도 뒤돌아보아도
하얀 눈만 내리네요.

웃음을 즐겨라

사람은 웃기도 하고 울기도하지요
오감을 통해서 행복과 불행을 느끼지요
어린아이는 해맑은 웃음소리
청년은 희망찬 웃음소리
중년은 성공의 웃음소리
노년은 평화의 웃음소리
우리 속담에
웃는 얼굴에 복이 온다는 말도 있지요.

멋진 황혼

늙음은 죄가 아니다
늙었다는 것은 세상을 많이 체험했다는 것
그래서
지식보다는 지혜를
용기보다는 인내를
욕심보다는 베풂을
단절보다는 친교를
방종보다는 절제를
무리보다는 순리를
추억을 많이 만들어라
뜨는 해도 힘차지만
지는 해도 아름답다
황혼은 늙음이라기보다는
삶을 아름답게 갈무리하는 시기랍니다.

제 3부

살고 싶은 곳 물으면

살고싶은 곳 물으면

누가 나보고 살고싶은 곳 물어오면
무인도라 말하리오
간섭하지 않는 자유로운 곳
남을 의식하지 않는 평화로운 땅
내가 죽어도 슬퍼해 주지 않아도 될 곳
슬픔이 없는 섬
내가 울어도 눈물을 닦아 주지 않아도 될 곳
아픔이 없는 섬

바람 소리가 내 영혼이라면
파도 소리가 나의 외침이요
뭉게구름이 나의 마음이라면
갈매기는 나의 벗이요
밤하늘의 별들은 나의 희망이랍니다.

내가 좋아하는 사람 찾아오면
쉬어갈 수 있는 사랑방 한 칸
떠나고 싶을 때 떠날 수 있도록
거룻배 한 척 준비해 놓고요

누가 찾아와서 왜 이런 곳에 살고 있느냐고 물으면
나는 태어날 때 혼자였고 죽을 때도 혼자일 수밖에
지금 그 연습을 하고 있다고 말하리라.

당신은 말동무할 사람이 필요하냐고 물으면
나는 원하지만 세상에 그런 사람이 없지 않겠오
당신은 그 꿈이 언제 이루어질 수 있느냐고 물으면
나는 지금도 매일 밤 그 꿈을 꾸고 있다고 말하리라.

외딴집

동네어귀
외딴집 한 채
뒤뜰엔 키 큰 포플러 나무 몇 그루
가을 어느 날 나뭇잎 떨어지고
바람불면 울어대는 외로운 나무다
작년에 까치가 집을 지었고
올봄엔 집을 수리하느라 요란스럽다
아래 마을에서도 토담집 고치는 소리에
외딴집은 외롭지 않다
까치가 이사 온 뒤로
이제는 외딴집이 아니다.

목련꽃報春花

준비도 없었는데
하룻밤 사이에
분단장하고
그렇게 월담하면
어떻게 하란 말이야
봄소식치고는
네가 이른 게 아니야

그런데 네가 밉지 않는 것은
꽃그늘 아래서 편지를 읽는다는
노래가 있기 때문이란다.

나는 너를 가까이 하기엔
시간이 걸리나 보다
어느 날 너에게
사랑을 고백할 준비가 되었을 때
너는 꽃그늘을 주지 않았지
얄미운 너.

내년 봄에는
너에게 고백할 사랑의 편지를
미리 써두어야겠다.

아까시 향기

아까시 흐드러지게 필 때
꽃그늘 아래 꽃비가 내리고
바람은 향기에 취해
갈 길을 잃고서
벌과 나비 찾아와도
떠날 줄을 모르더라.

봄의 아픔

제 몸에서 나온 사랑니는
제 몸을 뚫고나올 때
아픔도 잔인하다는데

딱딱한 땅을 뚫고
태산을 들어올리는 작은 손
너는 아픔을 넘어
화산 같은 불덩이여라

봄이
잔인함을 견디는 데는
사랑니의 아픔인가 보다.

들꽃

이른 5월 들길에서
화려하지도 않고
땅바닥에 붙은 채로
조용히 봄을 맞고 있다

발길을 멈추고
이름 모를 들꽃 앞에서
한참동안 머무를 수밖에
어릴 때 고향에
바로 그 야생화

나는 요사이 작은 것에 감동한다
야생화 앞에서도 발걸음 떼지 못하고
조금 있으면 나비 찾아오고
산새도 지저귈 텐데
5월 발길 닿는 곳 들꽃 소식뿐이다.

하늘 아래 첫 동네

내가 만약 집을 지으면
하늘 아래 첫 동네이고 싶다
구름도 만져보고
별들과 얘기하고
달빛과 속삭이고
계수나무 토끼 한 마리
달빛도 품어보고
태양도 먼저 보고
눈 내리는 하늘을 제일 먼저 보며
내가 하늘 아래 가장 먼저이고 싶다.

하늘과는 가까이
하루가 가장 먼저이고 싶다
하늘 아래 첫 동네
호롱불과 모닥불이 타오를 때
나는 가장 행복한 시간이 될 것이다.

별이 쏟아지는 밤

별이 쏟아지면
오지랍에 받아보고
그래도 남는 것은 망태에 담아
친구하고 구슬치기하고 싶네요.

별이 쏟아지는 밤에
강가에 앉아
조약돌 굴리면서
별치기를 하고 싶습니다.

별이 쏟아지는 밤
별무리 아래서
눈이 큰 그녀에게
별 이야기를 들려주고 싶네요.

과목果木

예쁜 꽃망울을 터뜨린 지도
벌 나비가 찾아든 지도 잊고 살다가
파란 잎 사이로 태양이 넘실거릴 때
작은 결실이 가을을 준비하고 있었다
찬바람 스치며 낙엽이 우수수 날릴 때
가지마다 옷을 벗고 달빛도 차가울 때
과목은 더욱 탐스러운 열매로
낮과 밤을 가리지 않고 익어가고 있었지
여름 장마에도 가을 태풍에도 힘겹게 버티어 내더니
허리가 휠 정도로 가지에 주렁주렁 과일이 열렸다
인간의 수고보다도 더 인내가 요구되었다
과목은 그 자리에서 자기 몫을 해낸 것이다.

주렁주렁 탐스럽게 이곳저곳이 가을이다
과목은 열매를 주고도 말이 없다
기다리는 것은 추위와 비바람뿐
자기 몸을 벗고 가릴 것도 없이 다 주었는데
나는 너를 생명의 부활이라고 부르고 싶다.

내 탁자 위에 시큼한 모과 몇 개와
달큼한 사과 몇 개가 놓여 있는데
저것들이 나에게 생명을 챙겨주었다
가을은 인간에게 슬픔과 충만함을 함께 주었다.

내년에도 사과나무에 사과 열리고
배나무에 배 열릴 텐데
나에게는 무엇이 열릴까?

솔직한 두 가지 고백

하느님 앞에는 죄인이요
인간들 앞에는 부끄러운 존재

세상에 오물만 토해놓고
갈무리도 못한 한심한 놈
그놈이 바로 접니다.

영광일 뿐이랍니다

밤이라고 어두운 것만은 아니지요
밤 때문에 별을 볼 수 있지 않는가요
낮이라고 밝은 것만은 아니지요
별과 달을 볼 수 없지 않는가요
밤은 밤에게 낮은 낮에게
창조주의 영광일 뿐이랍니다.

숨소리

하늘이 거룩하고
태양이 자비로울 때
우주는 온통 숨소리였습니다.

4월의 마지막 밤은
비 내리는 소리로
밤은 충만했습니다.

꽃봉오리 터지고
구름이 천둥칠 때
하늘은 더 푸르게
대지는 기지개를 켜고
힘 한 번 써볼 모양입니다.

이 밤에 두견새 소쩍새까지도
힘을 보태느라 저리 외쳐대는데

뒷산에 큰 바위
그도 오늘밤 힘 한 번 쓰느라

바위틈이 생길 겁니다.

누가 말했던가요
봄은 잔인한 달이라고
봄은 꽃을 피우는 자상함도 있지만
바위를 쪼개는 아픔도 있답니다.

사 계

봄 여름 가을 겨울
산 속에 살아도 숲이 좋고
숲속에 살아도 산이 좋아라

산 속엔
봄 여름 가을 겨울
내 사랑 기다려주니

해질녘 기다림으로
새벽녘 그리움으로
바라만 보아도 네가 좋아라.

梨花 아래서

4월 어느 날
달빛 사이로
통통 부은 꽃 가슴
바람이 희롱해도
이슬이 속삭여도
벌 나비는 저만치 하고
이화는 꽃단장하고
달맞이 하자더라.

감사해야지

오늘이 있으면 행복하고
내일이 있으면 더욱 감사하고
내일이 없으면 그것도 감사해야지
어차피
시간이란 내 맘대로 아니니까.

군밤

밤송이가 벌고
하룻밤 사이에
별똥별처럼 후두둑 추락해 버릴 때
우리의 삶도 추락할 때가 있단다.

그러나
우리는 밤을 줍고
화롯가에 앉아서
서로에게 군밥을 입에 넣어줄 때도 있지요

그래서
인생도 화롯불만큼 따뜻할 때도 있답니다.

눈물을 닦아주시리라

울지 마라 울지 마라
서럽게 울지 마라
세상이 버렸다고
하늘이 버렸다고
아직 희망은 있단다.

이런 말을 들어보았느냐
'여인이 자기 젖먹이를 어찌하랴!
어미는 혹시 잊을 지라도 나는 결코
너를 잊지 않으리라.' 이사야 49:15

'너는 눈에 넣어도 아프지 않을 나의 귀염둥이,
나의 사랑이다. 두려워 마라,
내가 너를 보살펴 주겠다.' 이사야 43:4~5

이제는 베개를 적시도록 울어도 좋다
고맙다고 울어도 된다
폭포수처럼 울어도 된다
하느님께서는 너의 눈물을 닦아주리라

창공에

할 말도 많고
생각도 많지만
너만 쳐다보고 있으면
나는 하늘이 된다.

창공에 걸려있는 별무리
눈썹달에서 쟁반달까지
밤하늘의 별똥별이 떨어지는 소리
가을 기러기 구만리 허공 가르는 소리
캄캄한 밤이지만
나에게는 호수만큼이나 잔잔한 소리로
당신은 나를 받아주기만 하는 하늘입니다.

텃밭에 풀을 뽑으며

나는 텃밭을 가꾸고 있다
하루에도 몇 번씩 기웃거려본다
채소도 자라고 잡초도 자란다
갈 때마다 잡초를 뽑아보지만
뒤돌아서면 잡초는 내 손보다 빨라서
감당하기가 어렵다.

생각해 본다
내 마음에 잡초를 이렇게 뽑았다면
깨끗한 마음의 밭이 되었을 텐데
텃밭에 풀도 무성하지만
내 마음도 쑥대밭이 될 때가 더 많다.

텃밭에 풀도 뽑고
마음 밭에 풀도 뽑고
부지런히 마음의 밭을 갈아야겠다.

피 토한 빼국이

춘삼월 이 강산에
두견화 피었다고 두견새 울어주고
복사꽃 피었다고 비둘기 구구대니
산천엔 꽃과 새들의 잔치더라.

춘사월 저 강산에
보리밭 언덕길에 노고지리 우지지고
찔레꽃 피었다고 소쩍새 울어 주니
삼천리 강산에 낙화유수 아닌 곳이 없구나.

뒷동산에 밤꽃 피고
울 넘어 감꽃 지니
빼꾸기는 하루 종일 빼꾹빼꾹 울어대니
어느 날 빼꾸기 피를 토하고 목이 쉴 때쯤
꽃도 지고 달도 기울더라.

소쩍새가 울먹이네요

정이월 다 가고 삼월이라네
이 강산 꽃피면 봄 아닌 곳 없는데
소쩍새는 왜 저리 울먹이는가?

춘삼월 다 가고 사월이라네
중천에 달빛은 야심도한데
창문을 닫아도 감당 못할 소쩍새

춘사월 다 가고 오월이 와도
아직도 울먹이는 소쩍새 사연
봄이 가면 저 소리도 빗겨가겠지.

꽃들에게 미안해

춘삼월 봄소식이 코끝에 왔구나
간밤에 바람 일어 봄 뿌려놓더니
두견새 울어 두견화 피더라.

하늘에 바람 일어 꽃들 깨우고
앞 뒷산 마주앉아 기지개 켜니
새들은 봄 놀고
꽃들은 다투어 피더라.

아!
그래서 간밤에
꽃샘바람이 무섭게 불었나 보다.

허나
나는 봄이 오는 길목에
눈물 한 방울도 뿌려 주지 못하고
꽃피는 이 강산에
무엇 하나 보탠 것 없으니
꽃들에게 미안해서 어쩌나

그래도
꽃은 꽃처럼 아름답구나.

목련화

담장 너머 목련꽃은 분단장하고
하얀 웃음으로 아침 인사를 하네요
나도 저만큼이나 단장하고 눈길을 주었는데
봄비 젖은 목련화는
내가 눈길을 준 것보다 더 환하게 웃어주네요
봄날의 잔인함 속에서도
자상한 자비도 있나 봅니다.

가을 소리에

나도 남자라고 가을바람에
옆구리가 시릴 때가 있답니다
코발트 가을 하늘에 눈이 시립고요
낙엽지는 소리에 귀도 시립고요
오동잎 구르는 소리에 손발이 시려요
기러기 하늘 밤길이 시립답니다
아 !
가을 소리에
마음이 시린 가을 병을 어찌할거나.

제 4부

가는 나그네

가는 나그네

내가 좋아하는 그림
밀레의 만종
그리고 또 한 가지
배낭 멘 나그네 뒷모습

출가인가
가출인가
바람인가
구름인가
그물에 걸리지 않는 바람처럼
세상의 자유로움

그런데
나는 아직도
출가도 가출도 아닌
초심도 변심도 아닌
하늘에게 묻고 있다

내가 어떤 나그네냐고.

달에게

여보
당신
다정한
말이라도
붙이고 싶소

당신이라 불러보니
고향 생각나고
여보라 불러보면
첫 사랑 생각납니다.

여보 당신
내 님이라 불러보는 오늘밤
하늘에 달 하나 호수에 달 하나
그리고
내 맘에 달 하나.

물새 한 마리

어느 날 강가에
물새 한 마리 종종걸음 멈추고
한참이나 두리번거리더니
날개 접고
외다리 세우고 졸고 있더라.

간간이 지나가는 바람결에
외다리 솜털사이로
외로움 묻어 있더라.

외로움 달래려 강가에 갔다가
나보다 더 외로운
외다리 물새 한 마리.

산새는

어느 날 겨울 산행을 하다가
몸이 작은 산새 떼를 만났지요
갑자기 어릴 적 우리 집 처마 밑
참새 떼가 생각났습니다.

지금도 그 생각
무얼 먹고
어디서 잠을 잘까?
산새는 겨울을 어떻게 나는지
나는 아직도 모릅니다.

성경 말씀에
풀 한 포기 산새 한 마리도
먹여 살리신다 하였는데
너희는 그보다 귀하지 않느냐 하셨다.

아 –
하느님이 산새를 먹여 살리셨구나
산새야 너 지금 그거 알고 있니.

달을 따고 싶네요

둥근 보름달
저만큼 긴 장대 있다면
달을 따고 싶네요.

하늘 흔들어
달이 떨어질 수 있다면
바람 일으켜 흔들고 싶네요.

그리고
굴렁쇠로 둥글게 둥글게
가을운동회 때 굴리고 싶네요.

초생달

초생달이 새벽에
거미줄에 걸려 꼼짝도 못하고 있네요
아침 이슬에 젖어 꼭두새벽인데
거미는 아침식사를 즐기려하는데
죽느냐 사느냐
나는 초생달을 보면 동정이 간다
거미줄 한 가닥에 손을 대자
아침이슬은 후두둑 떨어지고
거미는 줄행랑을 놓았지요
나는 초생달에게 자비심을
거미는 나를 원망했을 것이다
아침식사를 걸렀다고 말이다
나는 초생달만 보면 동정이 간다
그래서 초생달은 항상 눈웃음을 짓는다.

안부를 물으며

밤이 낮에게 묻는 답니다
새벽이 언제 오냐고

낮이 밤에게 묻는 답니다
서녘이 언제 오냐고

낮과 밤은
하루도 거르지 않고
서로 안부를 묻고 삽니다

나도 이런 인연 하나 만나
안부를 물으며 살고 싶네요.

행복은 어디에

행복
누구나 원하고 바라는 희망
누구나 얻을 수 없는 갈증

행복
있긴 있으나
소유할 수 없는 것

행복
하늘을 우러러보면 끝이 없는 것
땅을 내려다보아도 끝이 없는 것

행복
작은 자의 작은 마음에만 있는 것
마음이 가난한 자에게만 있는 보물

행복은
남이 주는 것이 아닌
자기가 마음으로 짓는 참 사랑.

소달구지

소달구지는
읍내에서 장을 보고
털그덕 털그덕
삐그덕 삐그덕
시골길을 갑니다

소달구지는
느리지도 빠르지도 않고
소걸음만큼만 갑니다

주인이 술이 취했어도
음주단속도 걸리지 않고
소달구지는 시골길을 갑니다

털그덕 털그덕
삐그덕 삐그덕
서녘 노을을 싣고
언덕길을 넘어갑니다.

동짓달에 태어났다

나는 굴뚝 속 만큼이나 깊은 겨울
북풍한설 칼바람 몰아칠 때
동짓달에 세상에 왔답니다

초가삼간 고드름 주렁주렁 열리고
부엌 아궁이 불을 지피며 태어났지요
그래서 나는
겨울 아랫목이 좋아요

겨울만큼 차가운 머리로
아랫목만큼 따뜻한 가슴으로
세상을 녹이며 살고 싶습니다

냇바람 맞으며
얼음 썰매 타고
겨울이 즐거웠습니다

동짓달 생일잔치는
동지팥죽 한 그릇으로 만족합니다

동짓달 친구들아 겨울 감기도 걸리지 말고
건강하게 아랫목처럼 따뜻하게 살아보자.

등이 시리다는 말

등이 시리다는 말
추위와 헐벗음인줄 알았지요

북풍한설 칼바람이란 말
외투를 벗어 막아주려 했지요

아니야 아니야 그게 아니야

동지섣달 기나긴 밤
님 그리는 외로움인줄

나는 어느 날
맨발로 달려갔지만
굴뚝보다 더 깊은 동짓달 밤에
부엉이 소리만 듣고 돌아왔다오.

그곳에 있는 까닭은

어느 시인은 말했지요
나무가 강가에 무성한 것은
물이 있기 때문이 아니라
강 풍경이 아름답기 때문이라고 하였다네요.

나도 말할 수 있어요
별들이 밤하늘에 무성한 것은
밤하늘이 어둡기 때문이 아니라
별을 헤는 사람들의 눈이 있기 때문이라고.

그리움

아무도 오라 하지 않는데
가고 싶은 곳이 있습니다

누가 오라고 하나
갈 수 없는 곳이 있습니다

창공에 별과 달은
나의 그리움입니다.

아 !
가고싶은 곳과
갈 수 없는 곳이
나의 그리움입니다.

의지하고파서

소나무가 군락을 이루고 사는지를
수로 가에 억새풀이 모여 사는지를
나는 그 이유를 몰랐습니다.

꽃밭에 꽃들이
냇가에 조약돌
모여 사는 지도 몰랐습니다.

앞산과 뒷산이
계곡과 계곡이
함께 하는지도 모르고 살았습니다.

졸졸졸 실개천과 계곡물이
도도한 강물과 끝없는 바닷물이
계속해 이어지는 이유를 몰랐습니다.

밤하늘에 별들이 왜 저렇게 걸려 있는지를
은행나무가 왜 마주 바라봐야 하는지를

누가 말해 주더군요
서로가 의지하고파서 라네요.

내 마음

바람이 오고 가는 길
저리도 자유로운데

내 마음 어찌하여
길 잃은 방랑자인가

내 마음 내 안에 있어도
나도 몰라라.

별이 빛나는 이유

하늘에 별이 있는 이유는
밤하늘을 사랑하는 사람이 있기 때문이랍니다
밤하늘에 별이 빛나는 이유는
밤하늘을 쳐다보는 사람이 있기 때문이랍니다
별이 깜박이는 것은
사람의 두 눈이 깜박이기 때문입니다.

그리고
별똥별이 쭈르르 떨어지는 것은
모든 것이 영원이란 없다는 불빛이랍니다.

첫눈

첫눈은 작년에도 내렸고
올해도 내렸습니다
그리고 내년에도 내릴 것입니다
그래도 첫눈은 항상 첫눈입니다.

사람들은 첫눈을 기다립니다
나도 당신 앞에
첫눈이고 싶습니다.

고향 언덕배기는

고향 언덕배기는
나만이 좋아한 곳이었지요.
봄에는 꽃 피고
가을엔 밤을 줍던 곳
내 고향 뒷동산

나 어릴 때
그곳에서 이런 질문을 하였지요
하늘은 왜 높고
물은 왜 쉬지 않고 흐르는가?
그리고 바람은 어디서 불어오는가?

조금 철들어
잔디밭에 훌렁 누워
저 높은 하늘을 보고
내가 어디서 왔으며
무엇하러 왔는지도

그리고

내가 누구냐고 물었지요
내 고향 언덕배기는
내가 세상에 태어나
왜 라는 질문을 던진
첫 번째 숙제를 받은 곳이랍니다.

구절초

천길 벼랑에 구절초 한 무덤은
벼랑의 높이를 두려워하지 않고
두둥실 떠도는 구름송이도
가는 길을 시비하지 않느니
철철이 피고 지는 꽃들도
세월을 탓하지 않더라.

아!
인간인 나는 땅을 밟고 서도
잠 못 이루는 벼랑에서
구절초 한 무덤을 부러워하며
새벽이 왜 이리 더딘지
갈 길이 왜 이리 험한지
아직도 벼랑의 높이를 모르고
왜 이리 두려워하는가?

벼랑에 구절초는
나를 보고 말해 주네요

아래를 보지 말고
벼랑 위에 하늘을 보라고.

아름다운 뒷모습

등 떠밀린 불쌍한 사람보다
붙잡을 때 떠날 용기 있는 사람
올 때보다 갈 때가 아름다워야
산은 정상에 오를 때보다
하산할 때가 더 조심해야 한다네.

물은 위에서 아래로 흐르는데
거슬러 오르는 물고기는
물길이 끊기면
오도가도 못하는 신세라네.

우리의 삶도 길이 끊기면
오고감이 어려워
불쌍한 사람도 많더라.

형제애

한 뿌리에서 난 가지는
제각기 뻗어 있지만
꽃이 필 때 함께 피고
열매 맺을 때도 함께 익어간다네

형제는 한 뿌리에서 난 가지라
그곳에서 꽃 피고 열매 맺을 때
우리는 서로 비바람 맞으며
뿌리를 지키며 견디어냈지
자랑스런 우리 형제들

지금은 모두가 흩어져 살지만
뿌리가 나무를 지탱해 주듯이
우리네 형제도 그렇게 산다네

내 건강 잃어 기우뚱거릴 때
형제가 옆에 있어 붙들어 주었고
고통으로 우울했을 때 위로해 주었지
이것이 형제의 뿌리라네

나 무슨 복 있어
사랑하는 형제가 챙겨주고 있으니
이것이 어려울 때 형제라네
나 이런 고마움 자랑하고 싶네요.

제 5부

고목에도 향기가 있더라

내가 알고 있는 한 가지

아침 저녁 해뜨고 해지는 이유를
구름이 어떻게 생겨서 어디로 가는지를
바람이 어디서 생겨서 어데서 멈추는지를
해와 달과 별들이 하늘에 매달려있는 이유를
나는 모르고 살았습니다.

산새들이 겨울 추위에 무엇을 먹고 사는지
얼음 속 물고기가 죽지 않고 살아있는지를
그리고
지금까지 내가 죽지 않고 살아있는 이유를
나는 지금도 모르고 살았답니다.

헌데
내가 지금 알고 있는 분명한 한 가지
세상을 만드신 분이 관리하고 계신다는 것을
나는 그 분을 창조주 하느님이라고 부른답니다.

당신도 행복의 주인이 될 수 있습니다

당신은 당신 자신을 사랑하고 소중하게 가꾸십시오
옆에 있는 이웃도 사랑하고 소중하게 생각하십시오
그러면 세상도 당신을 사랑하고 소중하게 가꾸어 줄 겁니다
세상을 사랑하는 사람에게는 세상이 당신에게 다가오고
행복을 사랑하는 사람에게는 행복이 다가올 것입니다
행복은 남이 가져다주는 것이 아니라 본인이 짓는 것이랍니다
지은 복을 나누고 잘 관리하면
당신은 행복의 주인이 되실 겁니다
그러면 우주도 당신에게 힘을 보태줄 것입니다.

겨울나무

겨울나무는 춥게만 보입니다
그러나 봄에는 꽃피고 여름에는 푸른 숲을
가을엔 탐스런 열매를 주는 한철도 있었지요
세월 지나 잎이 지고 온몸을 통째로 서서
겨울바람과 맞서고 있을 때

사람들은 이런 나를 보고
처량하다 앙상하다고 말한답니다

인간들아
너희들은 한 번이라도 이런 솔직한 모습을
드러내보인 적이 있었느냐?
나보고 춥게 보인다고 하면서
외투를 한 번이라도 입혀본 적이 있었느냐?

겨울나무는 처량한 것이 아니라
침묵 속에서 지금도 봄을 준비하고 있을 뿐이다.

생각해 보아라

너희들은 춥다 춥다하면서
외투를 챙겨입지 않았느냐

나는 지금도 눈보라치는 날
천둥이 쳐도 까딱하지 않고
한자리를 지켜왔다.

그리고 인간을 원망해 본 적도 없었다
겨울나무는 지금도 하늘을 향해 두 손을 벌리고
오늘도 하늘에게 감사만의 기도를 올리고 있단다.

병마와 싸우는 내 자신

불치병 난치병 이게 무슨 마른하늘 날벼락인가
차라리 시한부 암이라는 말이 부러울 때가 있다
죽음을 준비할 수 있는 시간을 가질 수 있기 때문이다.
불치병 난치병은
평생 얼마를 고통 속에 살아야할지가 두렵기 때문이다
누구는 말하기를 개똥밭에 굴러도 저승보다는
이승이 낫다고 했답니다.
나는 아직도 그 말을 이해하기엔 깨달음이 늦네요
모진 세월, 기약 없는 희망, 어떻게 고통을 감당할 것인가
나는 그 말이 너무나 잔인하게 들린답니다.
솔직한 심정
하느님께서 하늘나라로 불러주신다면 아멘 아멘 하겠나이다
오늘도 그렇게 기도하며 주님의 자비만을 빌어 본답니다.

그런데 어느 날 갑자기 나에게 생각의 기적이 생겼답니다
너는 그 동안 건강한 삶이 더 많았지 않았느냐
그때에 감사해 본 적이 있었느냐
남의 아픔을 너의 아픔처럼 생각해 본 적이 있었느냐
아무리 생각해 보아도 자신이 없다

아 그러면 지금이 네가 좋은 일을 할 기회가 온 것이다
지금 네 주위에 있는 사람들에게 사랑이 되어 주어라

주님 !
주님 말씀 기억하며 노력해 보겠습니다
유혹에 빠지지 않게 도와주소서
주님 또한 저에게도 자비를 베풀어 주소서. 아멘

내 몫의 무게

나는 어느 순간 건강을 잃고 나서
삶이 기우뚱거리기 시작했습니다
건강을 찾기 위해서 병원을 들락거렸고
명의를 찾아 도움을 청하기도 했지만
모두가 희망을 주지는 못했습니다
한때는 절망으로 희망의 끈을 놓기도 했었지요

어느 날 기도를 올리고 있을 때
누군가가 나를 위해 기도해 주는 소리가 들렸습니다
생각해 보니 나를 아는 사람들의 기도소리였습니다
나는 그때야 깨달았습니다
나는 바로 성체 앞에서 나의 잘못을 청했습니다
십자가에서 내려다보시는 예수님이 부끄러웠습니다
나는 지금도 이렇게 너를 위해 십자가를 지고 있단다
네 몫의 무게가 무거우면 나에게 덜어주라 하셨습니다
참으로 나는 이기적인 사람이었습니다
무거운 짐을 지고 허덕이는 사람은 다 나에게 오라는
주님의 말씀을 들으면서 제 고통의 무게는 가벼워졌습니다
주님 저를 위해 기도해 주신 은인들에게 축복해주시고

주님 말씀에도 감사를 올립니다
청하옵건대
제 몫의 무게를 감당할 수 있는 힘을 주시옵고
또한 자비도 베풀어 주소서. 아멘

날개 없는 천사들

사람들은 젊어 보이기 위해 얼굴도 가꾸고
옷치장도 합니다
그러나 젊음보다 더 좋은 옷은 없습니다
나이가 들면 제 몸 하나 가누기도 힘들 때가 있답니다
하여 결국에는 지치고 병들어 인생이 허무함을 느낄 때
긴병에 효자 없다는 말도 있듯이
세상에 짐이 될까 근심이 천근만근이라네.

허나
여기 그 일을 대신해서 감당해 주는 곳이 있으니
가난한 작은 자매수녀회(경로수녀회)가 있지요
따뜻한 사랑과 관심 그리고 의식주는 물론
건강관리까지 꼼꼼이 챙기고 있답니다
이곳은 우리가 생각하는 양로원이 아닌
어르신들을 가족처럼 모시는 사랑의 가족이랍니다
이곳은 은인들의 후원금으로 운영하는 곳이랍니다
그래도 이곳은 모자람이 없답니다.
나는 이런 은인들을 보이지 않는 천사들이라고 부른답니다.

이곳엔 또 다른 천사들도 살고 있습니다
이곳 천사들은 날개는 없지만 하루가 바쁘답니다
나는 이들이 날개가 달릴까 걱정하고 있답니다
날개가 달리면 하늘로 날아가 버릴까 걱정이 되어서입니다
날개 달린 천사는 하늘에 살고 날개 없는 천사는 이곳에 삽니다
나는 보았습니다
날개 없는 천사들은 손과 발이 군살이 박히도록 바쁘답니다
나는 오늘도 날개 없는 천사들과 함께 이곳에 살고 있답니다.
날개 없는 천사들에게 감사를 드리네요.

나와 함께 울어줄 사람

어느 대중가요 가사에
'누가 나와 함께 울어줄 사람 없나요' 라는 노랫말이 있지요
나는 반대로 '누가 나와 함께 웃어줄 사람 없나요' 라고 말하고 싶네요
함께 울어줄 사람! 함께 웃어줄 사람!
어느 날 함께 울어줄 사람이 와서 함께 울어 주었습니다
어느 날 함께 웃어줄 사람이 와서 함께 웃어 주었습니다
울음소리는 위안이 되어 슬픔이 적어졌고
웃음소리는 기쁨이 배가 되어 웃음꽃으로 피었답니다
그래서 슬픔과 기쁨, 행복과 불행, 빛과 그림자는 서로에게 필요하다는 것을 알게 되었답니다.

너는 세상에 무엇하러 왔는가?

내가 세상에 온 것은 나의 동의도 없이 왔답니다
선택의 자유도 없었고요
생각해 보면 불쌍한 신세랍니다.

그럼 너는 세상에 무엇하러 왔는가?
나도 세상에 무엇하러 왔는가도 잘 모른답니다
세상에 왔으니 죽지 않기 위해서 살길을 찾다가
여기까지 온 것이지요
누구나 처음부터 자신의 선택에 의해 온 사람은 아무도 없지요
세상에 떨어져 인연 있어 만나고 인연 다해 헤어지는 것일 뿐

헌데
갈 때에도 나의 선택이 없는 것 같아
나는 지금도 자유인간이 아닌 것이 분명합니다
오고 가는 것 말입니다.

너는 무엇하러 세상에 왔는가?
옛날 천주교 교리문답에 이런 말이 있지요
"하느님을 알고 자기 영혼을 구원하기 위해 세상에 왔느니라."

나는 아직도 그 답을 몰라 예수님 십자가 아래서 한참씩
또는 부처님 불상 앞에서 한참씩 머문답니다
내 의지와 선택의 자유도 없이 태어난 몸
어찌 자기 영혼 구하는 데는 책임을 지라는 말씀입니까
제 책임보다는 보내신 분의 책임이 더 큰 것이 아닙니까
이렇게 책임공방으로 따지고 있을 때

어디서 들려오는 소리
네가 나를 선택한 것이 아니라 내가 너를 선택한 것이다
이제 책임공방은 그치고 나를 믿어라 하는 소리에
정신이 번쩍 들어 그 말을 믿기로 하였답니다
나는 그분을 지금 창조주 구세주로 믿고 삽니다.

너는 누구를 위해 한 번이라도 죽어본 적이 있느냐?

너는 누구를 죽도록 사랑해 본 적이 있었느냐?
너는 누구를 죽도록 미워해 본 적이 있었느냐?
아닙니다
죽어본 척은 했지만 죽어본 적은 없었습니다
그래서 지금도 이렇게 죽은 척하고 살고 있답니다
이제부터는 그렇게 살지 마라
정말로 죽어 주어라 그러면 다시 살리라
예수님은 정말로 우리를 위해서 죽어주셨지 않느냐
그리고 부활로 다시 사셨지 않느냐
세상이 죽겠다 죽겠다 엄살을 부리는 것은
다시 살 수 있는 희망을 모르기 때문이랍니다
세상을 위해 정말로 죽어준 사람은 한 사람뿐이었습니다
우리는 그 분을
부활하신 하느님의 아들 예수 그리스도라고 부른답니다.

그네타는 세월

사람들은 봄이 왔다고 합니다
가을이 되면 여름이 갔다고 하지요
이렇게 오고가는 계절을 春秋라 하던가요
그렇지만 세월의 기준은 보는 사람에 따라
젊은이에게는 오는 세월이지만
노인에게는 가는 세월이라고 부른답니다
지나간 세월과 기다리는 세월 사이에
우리는 세월의 그네를 타고 있지는 않는지요.

물의 충고

개울물은 흐르면서 무슨 이야기로 만날까
강물은 무슨 생각을 하며 저리도 유유히 흐르는가
호숫물은 무슨 꿈을 꾸며 물안개를 피우는가
물은 만나면 지구를 지키는 바다를 만들고
나는 너를 지구의 생명이라고 말하고 싶다.

물은 만나도 물이 되는 수밖에 없다
물은 물이야기를 하면서 항상 흐르고 있다
물은 아래로 아래로만 흐르면서 말한다
인간들아 나를 물렁한 물처럼 보지 마라
물처럼 함부로 쓰지도 마라 나 없이는 하루도 없다
물 없이 하루만 살아보라 너는 사람 꼴이 아닐 것이다
물은 아래에 있지만 가장 귀한 분이시란다
이래봬도 내가 지구의 명줄이란다
물이 다시 충고를 한다
물 불 가리지 않고 함부로 쓰지 마라
그러다간 정말 국물도 없는 줄 알아라.

흙무덤

내 고향 하늘 아래
봄여름 가을겨울
꽃피는 청춘이었는데
세월간 고향땅엔
주인 잃은 흙무덤만 늘어나고
해마다 잡초만 무성한데
할미꽃은 올봄에도 피었더라

병들어 찾아온 고향땅
인걸은 어디가고
밟히는 게 추억이요
채이는 게 흙무덤뿐이더라.

고목에도 향기 피더라

봄비 그치고 햇살 좋은 오후
뒷산 산나물 캐러갔다가
사람 발길 끊긴 비탈에
길을 막고 쓰러진 고목 한 그루
해마다 계절은 오지만 잎 피울 생각은 없고
그늘진 끝자락에 버섯만 몇 송이
아! 그 향기
고목에도 향기나는 꽃이 피더라
오늘은 바구니에 향기만 담아오고
내일은 산나물로 채워보리라.

호젓한 시골집

언덕바지 늦가을 바람도 찬데
둥천에 뜬 달은 떠날 줄 모르고
가을밤을 깨우며 창문을 열게 하네
산새들도 잠들고 아랫목 온돌은 식어가는데
아랫마을 개짖는 소리 간간이 들려오니
그곳엔 지금도 오가는 사람이 있는가 보오
이곳엔 나 혼자 살고 있는 호젓한 집이라오.

첫눈 내린 고향집

동창이 밝아 창문을 열고 보니
첫눈치고는 많이 내렸네요
고향집 첫눈은 왜 이리 가슴 설레나
바람도 자고 동녘이 밝아온데
한적한 곳이라 찾아올 사람 없으니
눈길 낼 일 없어 한가하다오.

게으른 텃밭 주인

봄날 텃밭에 씨앗을 넣었는데
어느새 텃밭은 채소들의 잔치가 되었더라
아! 경이로운 일이로다
아침저녁 기웃거리며 정성을 다하다가
몸이 아파 발길이 뜸한 사이
채소는 벌레가 앞서 수확해가고
내 몫으론 잡초만 남았더라.

그래
벌레에게라도 적선을 했으니
내년 씨앗 값이나 준비해야겠네요.

고향 여름장마

산골 여름장마는 지루해요
아침안개 산허리 돌고 가다 몇 줄기 뿌려놓고
산 넘다 쉬어간 구름 한 점 뿌려놓고
산골 개울은 그래서 마르지 않는 다오
이렇게 장맛비에 오가는 사람 없으니
오늘은 두꺼비란 놈이 놀러왔답니다
말은 통하지 않지만 튀어나온 눈과 느린 걸음이
내가 이곳에 사는 모습과 같아
한참이나 즐기고 있는데 소나기 한 줄기가
번개같이 지나가버렸다.
그래도 안개구름이 걷히고
뒷산에 산비둘기 나는 소리에
지친 몸 일어서라 산천이 위로하네요
담장엔 호박넝쿨 힘차게 뻗어가는데
이 한 몸 가누기 어려워 보고만 있는데
먼데서 천둥소리 구름이 몰려오고
이산 저산 넘다가 한 줄기 뿌려놓고
구름도 쉬어가고 나도 쉬어 가고
비오는 날이면

개울물만 불려놓고 떠나가 버리는 구나
올 장마 지나고 나도 건강을 찾아
개울물처럼 소리내며 힘차게 달리고 싶어라.

우울증과 여름장마

우울증은 병이라기보다 감기와 같은 증상이다
누구에게나 올 수 있는 가볍지만 무서운 증상
여름장마처럼 변덕이 심하고 칙칙하고 기분나쁜 놈이다
물은 썩지 않기 위해서 흐르고
바람은 신이 나서 세차게 부는데
이놈은 그 길을 막아서며
인생은 허무한 것이여 인생은 일장춘몽이여
인생은 물거품 같은 것 인생은 고통의 연속
하룻밤이 두렵고 세상이 나를 버렸다고 유혹하고
나의 생명까지 위협하는 보이지 않는 악마
내일은 없다 내일은 없다 비바람뿐이라고
희망이 없다 살길도 없다 절벽으로 몰아붙이고
우울증은 장맛비처럼 내 삶을 곰팡이슬게 하는
보이지 않는 마술사 속임수에 넘어가서는 안 된다
장맛비가 그치고 햇살을 볼 수 있도록
자기와의 싸움에서 이겨야 하고 의술의 도움도 받아야 한다
우울증은 누구에게나 올 수 있는 증상이다
심약한 사람에게만 오는 것도 아니고 감기와 같은 증상일

뿐이다
그러나 한 가지 분명한 것은
치료 시기를 놓치면 자신을 지키지 못하는 병이랍니다.

반달

낮에 뜬 반달은 내님이고요
밤에 뜬 반달은 그님이라오
無主 공간에 내님 그님 탐할 일 아니라오.

단골손님

싸리문 서성이던 초생달이
집안에 들어와 두 보름밤 지나더니
주인과 술잔 넘치는 재미에
이집에 단골손님 되었다오
한 달에 한 잔씩은 기울고 채우는 재미로
싸리문은 항상 열려 있답니다.

화무십일홍

하루아침 나팔꽃이나
백일 피는 백일홍이나
한철 피는 동백꽃이나
피고 지는 것은 마찬가진데
꽃은 꽃처럼 지고
사람은 사람처럼 지겠지만
어리석은 인간은 깨달음이 굼떠서
화무십일홍만 탓하더라.

잠 못 이루는 병

하얀 밤은 지독한 고문이라네
까만 밤 하얀 밤
얼마나 오래자야 내 맘에 족할까

잠들고 싶다
내일 밤낮이 없는

잠 못 이루는 병
잠 못 드는 하얀 밤은 정말 싫다.

누가 고통으로부터 자유로울 수 있는가?

부처는 인생을 고해라했고
예수는 십자가의 무게라고 했다
부처도 지친 고행을 멈추고 수행길을 찾았으며
예수도 십자가의 고통을 피하고 싶었다
하실 수만 있다면 이 잔을 거두어 주소서 하였지요
하물며 평범한 인간에게야
고통은 참기 어려운 고문이겠지
세상은 피할 수 없는 고통의 길목에서
교회와 사찰에서는 기도소리가 멈추지 않지만
병들은 세상은 하루도 조용할 날이 없어라
누가 이 고통과 슬픔으로부터 자유로울 수 있는가
아! 인간인 나는 알 수도 없고 말할 수도 없다네
다만
미생물은 현미경을 통해서만 볼 수 있듯이
고통 또한 신앙의 눈 없이는 볼 수 없는 것
고통은 누구에게나 원하지 않지만
의지만으로 자유로울 수 없는 것
고통 속에서 희망을 찾는 길은

자기 몫의 고통의 무게를 감당할 수밖에 없다고
예수님은 말씀하시네요
자기의 십자가를 지고가라고요
십지가 뒤에는 부활이라는 선물도 약속했지요
신앙인은 십자가의 두려움도 크지만
부활이라는 희망이 있기에 고통을 이겨낼 수 있답니다.

서석구신부 묵상집

1판1쇄 발행 | 2008년 6월 01일
1판2쇄 발행 | 2009년 3월 01일

지은이 | 서 석 구
펴낸이 | 서 정 환
펴낸곳 | 신아출판사

주 소 | 전주시 완산구 태평동 251-30
전 화 | 063) 275-4000, 252-3131
팩 스 | 063) 274-3131
등 록 | 1984년 8월 17일 제 28호
e-mail | sina321@hanmail.net

정가 9,000원

ISBN 978-89-5925-442-2 03810